# 011 지구

원경   정글   김송이   유리   홍석현
남기윤   강혁준   나리빛   정이설   정성주
이호정   성유진   느린테   민주   유경지
연한모   주제균   이희원   진지혜   손따미
김혜연   조예서   진우   조성권   임호경
배지예   양승주   이비휘   권유영   민초순
강민경   이노아   권희영   영   최규웅
주재   이지   오수민   달물결   가온
임수민   임지현   지영민   박지희   -

지구를 떠나기 위해 점프를 백 번 했습니다
지구로 백 번 돌아왔습니다

2023년 3월

# I

그래도 지구는 돈다  원경 — 13

중력  정글 — 14

둥글고 굴려지는  김송이 — 15

1/S=|1/P-1/E|  유리 — 18

바늘구멍 사진기  홍석현 — 20

closed  남기윤 — 21

원시 지구  강혁준 — 22

공전  나리빛 — 24

달집  정이설 — 26

여전히 그대와 눈 마주치는 꿈을 꾸곤 합니다  정성주 — 28

마지막 남은 한 움큼은 낭만이어야 한다고  이호정 — 30

지구  성유진 — 32

지구는 둥그니까  느린테 — 34

푸른 점  민주 — 35

최후의 날  유경지 — 36

판게아  연한모 — 38

회전하는 화석  주제균 — 40

파도의 닳은 나무  이희원 — 42

# II

고백  진지혜     47

우주가 뱉어낸 블루베리잼  손파미     48

대기의 언어  김혜연     50

지구 이야기  조예서     53

창천  진우     54

푸른 점의 여로  조성권     56

아와 비아의 이사  임호경     58

기후  배지예     60

녹아 흐른 편지  양승주     62

송신 위치: 달  이비휘     64

자전自傳  권유영     65

심퉁 난 구름은 여름에 다시 돌아온다  민초순     66

지구는 돈다  강민경     68

지구는  이노아     71

밤양갱  권희영     72

Our planet  영     75

가르강튀아의 폐기 행성 관찰일지  최규웅     76

스튜디오  주재     79

| | |
|---|---|
| 진震 이지 | 80 |
| 푸른 불꽃 오수민 | 82 |
| 개기월식 달물결 | 84 |
| 4월 22일 가온 | 86 |
| 지구는 임수민 | 88 |
| 우주인을 사랑한 지구 임지현 | 90 |
| 언감생심 지영민 | 92 |
| 세대론 박지희 | 95 |
| | 97 |

○ 작가명은 작품 첫 장의 쪽 번호 옆에 표기하였습니다.

I

## 그래도 지구는 돈다

당신을 기록하는 일은
중얼대는 갈릴레이의 심정을 필요로 한다
결국에는 빙 둘러서 돌아올 거라고 믿는 일
당신을 완벽히 알지는 못해도
하루는 한 번은 꼭 도는 당신이
마음 하나 못 돌리겠나 생각하는 일
낡은 교본으로는 당신을 서술하지 못한다
혁명이란 별 게 아니라
한 바퀴를 갓 돈 당신을 다시 떠나보내며
당신이 모나지 않다고 주위에 얘기하는 일

당신이 우주 같은 밤에
달이 아름답네요
라고 이야기할 때
그때쯤 나는 달이 되고 싶었다
당신의 주기에 맞춰 무수한 밤을 함께 맴돌고 싶었다

중력

너의 중력이 날 끌어당겨
내 지구의 시간은 오늘도 다르게 흘러가나 보다
충분히 잊혀질 만큼의 시간이 흘렀는데
너의 웃음소리, 덧니, 눈웃음 모든 것이 생생하다

떠나야 하는데 한 걸음조차 내딛지 못하는 이유는
내 지구에만 작용하는 너의 중력 때문일까
아직 떠나기 싫은 나의 미련 때문일까

결국 답을 찾지 못한 나는
오늘도 너에게 가라앉는다

## 둥글고 굴려지는

발 한 번 헛디딘다고
우주 밖으로 빠져나갈 수 없는
둥근 세상 속에서

이어졌다면
우리가
만났다면

어쩌면 인간이 낮과 밤을 움직이는 거 아닐까
싶을 정도로
그래서 계절이 있더라
싶을 정도로

사랑을 하자

사랑이 드글드글한 푸른색 별에서
맑게 갠 하늘을 만나면

눈을 푸른색으로 적신 채
같은 손가락으로 원을 그리고

둥근 세상을
끝없이 걸을 수 있다고
맹신하고 싶은 사랑을

조용히 움직이는 밤은
까맣게 잊은 채

계속되는 아침을 기다리는 사람처럼

무궁하게 이어지는 원 속에서
마음대로 끝내지 못하는 걸음을 걷는다면
세상의 끝은 찾지 말고
기필코 사랑을 하며 살자고

새벽을 등지고 중얼거리는
신앙
둥글고 굴려지는
마음
어리고 순진한
감정을

흥얼거리며
조심스럽게 품 안에 감춰놓는
이야기
굴러가기 쉽기에
세상 깊은 곳에 숨겨놓은
진심이
끊임없이 전해지는

세상 속에
우리는

조심스럽게 품 안에 감춰놓는
이야기
굴러가기 쉽기에
세상 깊은 곳에 숨겨놓은
진심이
끊임없이 전해지는

세상 속에
우리는

1/S=|1/P-1/E|


사랑해 마지않는 나의 겨울은
왜 항상 날 아프게 하는지
그날 우리가 함께 피웠던 담배 연기는
왜 아직도 코트 안 깊숙이 남아 있는지
왜 황망히도 밤은 지고 아침이 오는지
우리가 충*에 위치하던 그 순간
왜 당신은 역행하지 않았는지

왜
왜
왜

1/S=|1/P-1/E|
우리의 회합 주기*는 언제쯤 돌아오는지

*충: 외행성이 공전 궤도 상에서 지구와 가장 가까이 위치할 때. 외행성이 충에 위치하면 역행이 관측된다.
*회합 주기: 지구와 행성의 상대적 위치 변화 주기. 예를 들어 화성이 현재 지구와 일직선상에 위치한다고 할 때, 화성이 다시 지구와 일직선상에 위치하는 데 걸리는 시간은 회합 주기만큼이다.

## 바늘구멍 사진기

심연을 찔러
세상을 비추면
반대에 달리는 상像
사이의 작은 구멍

생물과 무생물로
동그랗게 뭉쳐 올린
고요하고 요란스러운
순환하고 태동하는
당신과 우리를 담은

## closed

후루룩 컵라면을 먹어
옆에 앉아있던 얼굴에
매콤한 국물이 튀었고
사탕으로 머릴 맞았어
꽥꽥 시끄럽게 싸워도
우리 둘만의 편의점은
어디로 도망가지 않아
우주로 떠나버린 사랑
지구에 남아있는 사람
우주선에는 왜 어째서
편의점이 필요 없을까
오래된 방독면의 속엔
하루하루 흘린 눈물로
깊은 바다가 출렁출렁
공기를 파랗게 칠하면
그대 다시 돌아올까요
늘 그래왔듯이 오늘도
일찍 편의점을 닫고서
쓰레기를 주우러 가요

## 원시 지구

다만 관측되는 당신 바라보며
희망을 몇 번
추측해 볼 뿐인 서툰 감정 기복

도대체 내가 어찌해야 당신은
걷던 길만 걷는 궤도를 틀어줄까요

 사람과 사랑과 사람 사일 채우다 비우는 일이란 게 보통, 정답이란 게 없다고는 하던데요 어째서 늘, 긴긴 고민 끝에 적어낸 나의 답은, 하나마다 전부 오답이라는지 도통, 그 이유를 알 수 없어 풀 죽은 아이처럼 자꾸, 당신에서 눈을 못 떼고 매일 나만 태우는데요

이래도 저래도 전부
틀렸다고만 하는 그 입술과
틈만 나면 또 빨라지는
나를 버린 공전에 초조해져 마냥
서툴러지고야 마는 낭만은
애태우는 나만 굴려 묻습니다

이딴 게 사랑입니까?

나를 태워내다 지친 언저리
바쁜 등에 외쳐 묻지만
당신은 결코 답을 주지 않으며
그저 또 한 발짝
멀어지려는 당신에 초조해져
횡설수설 이리 고민하는 낮과 밤

기울어진 자전

사람과 사랑과 사람 사일
채우다 비우는 일이란 게 보통
정답이란 게 없다고는 하던데요

도대체 내가 어찌해야 당신은
걷던 길만 걷는 궤도를 틀어줄까요

## 공전

이름 없는 늪에서 벗어나
질척거리는 잔해를
숨 하나 없는
마른 땅에 비비적거리며

왜 삶은 이토록
잠길 만큼 축축하거나
숨 막히도록 건조할 뿐인지
비관하고 있을 때

저편에서
딱 포근할 만큼의 빛
내어주는 그대

내 안의
알싸한 모래밭도
써느런 눈밭도
부끄러운 줄 모르고
그 곁을 맴맴 돌며
한 줌의 온기를 구걸한다

그러다
게으른 어둠을 걷으며
다정한 빛이
다시 한번 코끝에
입 맞출 땐
온몸이 저릿저릿
달가운 비명을 지른다

연둣빛은 꿈틀대고
푸른빛은 넘실대며
온갖 나는 살아 숨 쉰다

# 달집

공기 대신 공황으로 가득 찬
네 움푹 팬 살결을 걷다 보면
문득 떠오르는 것들

돌아갈 지구가 있다는 것
돌아갈 집이 있다는 것

그게 널 공전하게 하고
여전히 날 허전하게 하지

집 속의 집이 없다는 것

텅 빈 행성에서

사랑했어

외쳐봐도 메아리조차 없다는 것
뭐 그런 것들

그러니 차라리 지구로 들어와서
언제 터질지 모를 화산을 애무해버리자

지구로 들어가 삶을 열면
또 들어갈 집이 있고

집으로 들어가 문을 열면
또 열어야 할 사람이 있고

사랑으로 돌아가 너를 알게 되면
네게 들어갈 수 있는 우주가
있을까?

우주여행을 갈망하는 인간과
집을 갈망하는 인간은 다를 게 없어

## 여전히 그대와 눈 마주치는 꿈을 꾸곤 합니다

내일 지구가 멸망한다면 그대 집 앞에 사과나무 한 그루를 심어 놓은 채 도망가고 싶습니다

같이 누워 시간의 걷는 모습을 보는 게 꿈이었다는 그대 말에 나는 시를 쓰기 시작했습니다 청춘의 숨은 무엇으로 이루어진 걸까요 그대의 물음에 나는 아무 대답 못 했으나 이제는 답할 수 있습니다 각자의 청춘이 있겠지만 또 그대의 청춘에 내가 있는지 모르겠지만 내 청춘은 그대의 숨으로 호흡하며 살았습니다 그리고 지금은 그대가 없기에 죽었지요 이 넓디넓은 세상에 예쁜 것 하나가 없습니다 미의 여신이 손목을 그어버린 행성입니다

세상에 없던 새벽을 발견하고 난 뒤로, 나는 그대 손을 잡고 이 별 깊숙한 곳에 숨고 싶었습니다 어디든 우리를 숨겨 놓고 꼬박 일생을 새고 싶었지요 나는 사랑의 온전한 의미가 무엇인지 모르는 사람이지만 그대를 안으면 사랑이 몇 도씨인지 알 것만 같았어요 난 느티나무 아래 그대를 오래도록 잊지 못하는 사람으로 남았습니다 그리운 게 하나 더 늘었을 뿐 그대는 아무런 잘못이 없습니다

같이 누워 시간의 걷는 모습을 보는 게 꿈이었다는 그대의 말에 나는 시를 쓰기 시작했습니다 물론 지금껏 써온 모든 시들은 그대 말 한마디보다 못합니다 언젠가는 사랑에 능숙한 사람이 될 수 있을까요 그대는 어떤가요

여전히 그대와 눈 마주치는 꿈을 꾸곤 합니다

## 마지막 남은 한 움큼은 낭만이어야 한다고

내가 그랬지
마지막 남은 한 움큼은 낭만이어야 한다고

더도 말고 덜도 말고
한 손에 꼭 쥘 수 있는 만큼은
한껏 쥐고 살아야 한다고

그런데
겨울이 가면 봄이 오잖아
당연하게 세상의 색이 바뀌잖아

다 죽은 줄 알았는데
꽃이 피고, 꽃보다 더 고운 새싹이 돋잖아

나는 죽었다고 생각했는데
여지껏 살아 있잖아

그게 낭만 아닐까

바람 한 숨에,

구름 한 장에,
노을 한 편에,

지구 한 바퀴,

네 목소리 한 숨에,
네 눈동자 한 장에,
네 얼굴 한 편에,

또 지구 한 바퀴,

그게 낭만 아닐까

그러니까
그동안 너무 세게 쥐느라 하얗게 떨리는 손을
이제는 좀 편하게 두자고

그냥 그 말이 하고 싶었네

# 지구

미안해
너를 달아놓고 달아나버렸어

1200X60
이게 너의 크기였어
방대할 줄 알았는데 그냥 방구석 정도였어

아주 오래 잠긴 너의 얼굴을
사람들 눈 속에 넣어 놓고
딱 눈에 넣어도 아프지 않을 정도라고
소개했지

전시장 속 공기의 흐름이
창백하게 수평을 맞춘다

지구의 맥을 짚어보면
덜컥 달아버린 얼굴이 남고
너는 이제 그림 속에서만
숨을 쉰다

지구는 낯선 누군가의 뇌일 수 있다고 그랬다
머릿속을 헤엄치다 길을 잃었나 봐

빼곡하게 전시된 그림들
상반신만 달려 있는
낯선 이들의 숨이 모여
공기는 하얗게 질린다

지구의 변덕인지
그림은 수평을 맞추려고 흔들거리곤
뻐끔거리는 법을 잊은 거니

지구의 변명인지
그림은 수평을 잃어버렸다

방대할 줄 알았는데 방구석 정도였어

## 지구는 둥그니까

내가 사는 행성은 동그란 지구입니다
네모 위 우리는 자주 길을 잃었습니다

당신을 달래고 싶을 때 흔들림 없는 지구를 빌렸습니다
지구는 둥그니까 걸어 나가면 돼요
무언가 줄 수 있다면 단단한 게 좋겠습니다

평평함이 불안이 되는 날 먼눈으로 지평선을 찾습니다
크고 둥근 주머니는 누워도 좋습니다
늘 지구는 고요히 둥급니다

사람을 써야 할 때 사랑을 쓴 적 있습니다
미음은 힘주지 않으면 이응에 가까워집니다

우리는 자연히 둥근 쪽으로 향합니다
모난 마음은 힘이 없습니다
지구는 둥그니까 지구가 둥그니까요

나는 지구에 살고 있습니다
당신이 걷고 눕는 이 행성에서 나는
어엿한 지구인이고 싶습니다

## 푸른 점

양을 그려달라 했던 소년\*에게
상자가 아닌 점을 찍어줬다면
이 별은 어디에 있는 것인지 내게 물었을까요

누구는 이건 별이 아니라 행성이라며 지적할 테고
나는 아마 이곳보단 살만한 곳이지 않을까라며
어깨를 들썩일 거예요

소년은 유심히 점을 들여다볼 테죠
밤낮으로 하루 종일 쳐다보다 종이가 뚫리면
그 사이로 보이는 나를 발견하곤

아저씨 눈동자는 푸른색이었네요
아마 그곳이라면 양이 행복하게 지낼 거예요

점과 눈동자
그리고 지구,
동그란 데에는 다 이유가 있나 봐요

---

\*어린왕자

## 최후의 날

잿빛의 하늘 아래서도
사랑을 약조할 줄 아는 젊은 시인의 초상은
다음 문명에서도 칭송될 만큼 찬란하지는 않았다.

절망은 금붕어 꼬리의 모습으로 찾아와서
기린의 목을 베어 간 난쟁이 꼬마의 등에 업혀 와서
글쎄, 다음번 지구에서도 다시 만날 수 있다면
그때는 조향사가 되어야겠다던 내 친구를 찾아가야지.

달과 지구 사이의
간격만큼만 불행하고 싶었어요, 선생님.
노인과 나는 같은 값이 적힌 가격표를 목에 달고
그 언젠가 판게아 위로 추락하던 운석을 기다리고 있다.
스피노자가 말했다.
내일 지구가 멸망하더라도 한 그루의 나무를 심겠노라고.
염병한다. 우리 할머니가 말했다.
달과 지구 사이만큼 만의 불행은 애초에 존재하지 않았다.

주식을 샀다가 실패한
아랫집 아저씨가 계속 소리를 지르고
잿빛이었던 하늘에도 비가 내리고,
꽃이 짓뭉개지는 와중에도
엄마는 드라마를 본다.
다음번에는 티비가 더 발달했으면 좋겠다, 얘.

지구 그 최후의 날에도 사랑은 건재합니까?
유리 위를 맨발로 걸어 보이던
금발 파란 눈의 소년이 하던 말처럼
아
주 오랜 안녕으로부터 도망칠 수 없대도

지구 그 최후의 날에도 사랑은 건재합니까?

낭만 따위는 아무래도 좋았지만
구원을 떠드는 이들의 노래를 휴대폰 벨소리로 삼았다.
운석과 _ 전쟁 - 혹은 절망/자연소멸 중 무엇이라도
다음번에도 검은 머리칼의 검은 눈동자를 가진 채 태어나야지.

## 판게아

맞대던 이마는 이내 떨어졌다
포개던 입술의 실밥도 뜯어졌다
꼭 끌어안았던 손들도 끊어졌다

네게 남기고 온 유골이 액화되어
단절된 바닥을 깊게 메운다
바닥이 보이지 않는 검은 눈물
서로의 시선마저 찢어내는 파도의 손
그 파란의 변형점이 세운 이타성
호흡이 다른 지구의 양 끝에서
타인의 눈으로 바라보는 서로의 눈은
왜 차갑고도 아릿할까

어정쩡히 서 있던 계절이
구석마다 이룩한 속기의 밤
전염된 기억은 파리해지고
침묵이 절단한 어제를 곱씹던
이 빠진 잇몸에선
종유석 같은 소금이 열렸다
바다를 건너온 발자국일까
흥건히 젖은 침대보

수몰된 감정의 뼈가 드러나는
썰물의 새벽 축축한 잠에선
서로의 꼬리를 물고
서로를 놓지 않던 뱀의 꿈을 꾸었다
한 때부터 빗장뼈에 새겨진
과거에서 미래로의 기록

언젠가 우리는 하나였다
갈라진 눈물이 빠지는 어느 순간
다시금 우리를 봉합할 날들
불변의 진리 같은 입을 맞추며
우리는 하나로 완성될 것이다

## 회전하는 화석

우리의 행성은 회전하고 있어요
오래된 마법으로
결국 당신도 나도
그 회전에 조심스레 바늘을 올려
목소리를 듣고 싶었어요 옛 목소리를
단단하게 곱게 응어리진 음향들

흔적 없는 나날이 흘러가고
퇴적되고 켜켜이 쌓이고
당신과 사라진 왕국의 성벽 따라 걷다 보면
어느새 스티커 자국이 가득한 당신의 성벽 앞까지
꼬리에 꼬리를 물고 같은 하루를 맴돌고

매일 어딘가로 떠나 다시 돌아오던 마법

먼 훗날 호기심 많은 누군가가
어스름 가득하던 겨울 아침도
우리가 나누던 대화도
김이 서려 흐려지는 안경과

그 뒤에서 사라지길 반복하던 눈빛도
쓸쓸하던 새벽 역 앞 풍경도
브러쉬로 조심스레 털어내면
그 아래 수많은 발자국을 발견하겠지요

그러면 부디 우리를 망설임이 아니라
단지 작은 회전들이었다고 이름 붙여주길
단지 작은 마법들이었다고 이름 붙여주길

## 파도의 닳은 나무


숲으로 가자
그 애의 목소리가 빽빽한 숲으로

목마른 파도의
메마른 손끝이 겨우겨우
단단한 나무 밑동을
간질였을 때

비로소 새로운 낮이 시작된 거야

나무의 무거운 뿌리에 스미고 싶은
파도는 이제 부서질 때에도
우는 소리를 내지 않는대

겁 많은 파도는 바다로
뒷걸음질 치다가도
다시 여기로 와
나무가 있는 곳으로

*너는 나의 닻*
*너는 새 삶이자 나에게는 중력 같은 사랑*
*네가 있기에 나도 여기 머무를 수 있는 거지*

너는 내가 이 별을 떠나지 않는 유일한 이유

II

# 고백

언제까지 계실 건가요. 좋은 것만 보여주시니 그것이 정말 다인 줄 알고 저는 가끔 하늘을 보며 침을 뱉어보는 불량한 인간이 되곤 합니다. 당신께서 이따금 드러내 보이는 속내는 타들어 가는 산나무와 같습니다만 충분히 아름답고자 차림을 단정히 하시는 모습은 그와 다르게 굳건하시니 나는 안도감에 바로 서 있다가도 모호하며 이기적인 기분에 휘몰려 울음이 나고요. 이만 떠나주셔도 좋겠어, 하고 바라면서 당신이 이곳 여기 오래도록 있고 나와 나의 자식과 또 그의 자식들까지 돌보아주시길 소원하는 게 저의 진심이니 떠나주시길 바랐다는 건, 그렇습니다, 잠깐의 위선입니다. 갑갑한 마음입니다. 두려움입니다. 갈피를 잡지 못해요. 저는 날 때부터 아는 게 없었습니다. 무엇도 모르는 사람. 내가 기어코 당신의 안에 들었던 것 또한 부끄러움을 몰랐기 때문입니다. 아무렇지 않게 당신의 자리를 범하여 잠을 자고 당신을 떼내어 입고 뒤흔들어 먹습니다.

말. 이조차도 당신의 입 모양을 훔치어 내 것처럼 쓴 것입니다. 내가 얼마나 밉겠습니까.

## 우주가 뱉어낸 블루베리잼

아득히 까만 블루베리잼 병을 열면
펑- 하고 투명한 음이 터져 나온다
둥근 나무 숟가락으로 퍼내
움푹 파인 홈을 가만 보면
우주와 닮아있다

입안 가득 씹히는 블루베리 열매가
우주가 뱉어낸 한숨 조각인가
입안 가득 고인
과육을 기어코 삼켜내면
몸 구석구석으로 퍼져나간다

기억에 졸아든 잼은
어떤 이의 집요한 물음인가
답을 하지 못하는 나는
다시금 뚜껑을 닫고
한 번 더 씹어 삼킨다

혀끝에 닿은 이 달콤한 맛은
추억인가 슬픔인가

미처 깨닫기도 전에 나는
목구멍으로 밀어 넣는다

꿀꺽
이 지구의 파랑은
덜 익은 블루베리잼의
덩어리일까

## 대기의 언어

비가
내립니다

그저
있는 것 같지만

인간의 생명과
편의와
욕망까지도

품고
또 품어온
대기도

가끔은
아니, 이젠

종종 답답하고
힘겨웁고,
아프지 않을까요

그래서
뚝. 뚝.
비가 내리는 날이면

마음이 잿빛이라
사람들을 불편하게 한답니다

하지만
이 눈물의 승화로

들은
푸르러지고

도심의 열기는
잦아들고

꽃도
하늘도
별도
선명해져요

대기가 청록빛이 아닌 건
아마도

항상 푸르지는 않은
마음을 보여주고 싶어서가
아니었을까요

# 지구 이야기

모든 시작의 이전

빛줄기 또렷이

세상의 모든 허물에 닿아
한 방울 물
바다가 되고

세상의 모든 생명에 닿아
흐드러진 잎사귀
숲이 되고

푸른 빛 영혼
여분의 사랑을 유영하며
언제 어디서나

부서지는 마음 모아 하나의 마을로

우리는 끝과 끝에서 만나 지구를 완성한다

## 창천

창천을 자리 삼아
하이얀 솜이불 덮고 누워보자.

울그락 불그락
미쳐가는 쇳덩어리도

진흙으로 만찬 차리는
짧은 생명들도

기척 없이 다가오는
작은 악마도

그 모든 것의
오만한 두발짐승도

없는

그런 곳으로 가자.

아, 늙으신 어머니의 등은

철없는 아해들로
상처 입고 거무튀튀해져
더 누울 데가 없나니

나는 가리라
순백이 흐르고
파랑이 머무르는 곳으로
나는 가리라.

하이얀 솜이불 덮고 누워보자
음습한 봄의 소리가
휘청이는 그곳을 자리 삼아.

## 푸른 점의 여로

창백한 점처럼
작디작은 구가
아득하기까지 한
기나긴 여로에 놓여있다

태양을 넘어
다른 별을 바라볼 수
있게 되었다

아무도 가보진 않았지만
아니면 돌아오지 못했던지
전해지지 않았던지
알 수 없지만

새로운 고향에 대한 이야기를
또 다른 고향에 대한 호기심을
가진 작디작은 아이는

지구의 품에서
오랫동안 살겠지만

새로운 고향으로
가는 호기심은 멈출 수 없다

또 다른 고향으로
가는 도전은 멈출 수 없다

## 아와 비아의 이사

물에서 불로

사람이 이동하고

지구, 잠시 돌았다

눈빛에서 언어로

인간, 마음을 조금 잃었다

달 기다리는 밤

파고 없는 파도 위에
어이해 모여 흐르나

이 구도 지구인가

이 이동은
어떤 이동인가

묻는다. 묻는 나에게

물은 내가 묻는 나만큼

왔다

## 기후


서울엔 비가 와 도시는 눅눅해지고 계절은 깊어지고 있어 오랜만에 연 서랍에선 먼지가 날려

서랍 속 빛이 빛나지 않는 걸 봤어 늦은 옷 정리를 마침내 해냈어 긴팔 옷과 반팔 옷의 자리를 바꿔놓았어 더 이상 입지 않는 옷들을 몇 벌 버렸어 그중엔 내가 많이 아끼던 옷도 있어 그걸 둘둘 말아서 헌 옷 수거함에 밀어 넣었어 옷들이 어디로 가게 되는지도 모르면서 서랍을 닫았어 빛나지 않는 걸 빛난다고 믿고 싶었어

미안해 결국 너의 일기장은 발견되었어

너를 둘러싸고 너만 모르는 일들이 여럿 일어났어 이렇게 말하면서 네가 알고 있을지도 모른다는 생각을 했어 나 정말 어른이 되어 가는 기분이 들었지만 누구에게도 말하지 못했어 네 이름 옆에 적힌 숫자를 몇번이고 읽었어

빛은 서랍 속에 잘 있어 빛나지 않는 그것을 아직 빛이라고 부르고 있어 한자로 적힌 이름을 보면 낯선 기분이 들잖아

내 이름은 왜 빛이나 사랑과는 관련이 없게 지어진 걸까

며칠 전에 네 방을 정리하다가 사막을 발견했어 식물이 전혀 살 수 없는 사막은 드물대

우산이 오래도록 고장 나지 않으면 좋을 텐데

사람들이 너의 집을 빈집이라고 불러

## 녹아 흐른 편지

 자꾸만 자꾸만 내가 흘러간다. 얘들아, 걷잡을 수 없이 녹아 흐르는 나는 어디로 가는 걸까. 흙에 스밀까 바다에 부유할까. 눈과 혀와 다리. 모든 것이 끊임없이 녹아버린다. 얘들아. 끈적하게 녹아버린 나를 끌어안아 줄래. 어디로도 흐르지 못하게 꽉 쥐고 가둬놓아 줄래.

 자꾸만 자꾸만 너희가 작아진다. 얘들아, 나는 녹아 흐르고 스미고 부유하는데. 너희는 지평선 끝으로, 수평선 너머로. 혹은 창공으로. 제각기 다른 곳을 향해 작아진다. 얘들아. 언젠가 보이지 않을 만큼 작아질 너희를 잡지 못하고 나는 결국 고여 버린다.

 녹고
 흐르다
 스며서
 고여 버린
 나는

 구태여 너희를 쫓지 않기로 한다. 흙에 스며 봄을 틔워야지. 바다에 부유하다 한여름 햇살에 부서져야지. 고여 만든 습지 위에 갈대를 눕혀야지. 얘들아. 그러다 겨울이 오면. 지평선 끝에서, 수평선 너머에서. 혹은 창공에서. 다시금 모습을 드러내 줄래.

녹아 흐른 나의 눈과 혀와 다리. 모든 것이 너희를 위해 춤춘다. 그 위에서 함께 춤을 추렴. 내가 알지 못하는 너희의 계절은 잊고. 일렁이는 나의 살갗에 모든 흉터를 떠넘겨 버린 채. 춤을 추자.

얘들아.
우리 그렇게 가장 뜨거운 겨울을 맞이하자.

계절처럼 돌아올 너희를 기다리마.

## 송신 위치: 달

언젠가 그런 이야기를 들었어요
당신이 별이 아니라 행성이라는

당신이 별이었다면 내가 보낸 편지는
닿기도 한참 전에 열기에 사그라졌을 거라는

하지만 난 알아요
내 위에 구멍을 내던 지구 부산물들이
지구를 별이라고 하던 걸
똑똑히 새기느라 뇌 한 편을 비워줘야 했으니까

내 편지가 뜨거운 코로나를 갈라 도달할 걸 알아요
왜냐하면 당신은 별이니까

그러니까 답장을 보내주세요
당신이 별이라고
내가 행성이라고 말할 수 있게

제일 빠른 빛을 보낼게요
그것도 당신께서 주신 거예요.

## 자전自傳

매일을 쳇바퀴 돌며 살고 있는데
아무도 봐주지 않는다

밤하늘 우주에 대고 이토록 소리치는데
누구도 듣지를 못한다

태양은 저만치 멀기만 하고
마음만 삐딱하게 기울어져
멈출 줄도 모른다

어디를 향하는지
끝은 있는지
구름 낀 푸른 눈 감는 날
답을 알 수 있을까

오늘도 나는 나를 벗어나려 자전自轉한다

## 심통 난 구름은 여름에 다시 돌아온다

나는 벗어난다

강렬한 햇빛을 발걸음 삼아
맑고 고운 자갈돌을 지표로 삼아

웃음이 끊이질 않고 시간이 흐르지 않는 놀이터에는
한곳에 모여 쓰러진 자전거들과 그 빈틈 사이로 피어난 새싹뿐

재잘거리는 새들의 날갯짓은 멈출 줄 모르고
어느새 내린 어둠 사이로 환하게 빛을 내는 가로등

그 위로 모습을 감춘 나는
한동안 이 동네를 잊을 수 없다는 생각으로
하릴없이 빙글빙글 엉금엉금

둥 둥 획 획

계절의 변화에 모양과 위치가 바뀌는
이름도 알 수 없는 저 둥글고도 뾰족한 빛의 친구가 되어 주기 위해

비로소 오늘 드디어
최고 속력 가동

그리고 발사

바람을 가른 뒤 따가워지는 얼굴엔 생기만이 가득
그러다 몇 초 뒤 축축한 물방울이 되어 떨어진다

투명하고 푸른 바다로

몸을 잃어버려 갈 곳을 잃어버린 우주여행이 꿈인 나는
 깊은 아쉬움과 속상함을 고이 접어 간직한 채 눈을 감기 시작한다

 긴 잠에 들어 빼곡한 잔디밭과 꼿꼿하게 뿌리를 내린 나무 위에서
 다시 생겨날 거라고 다짐을 하다 전날에 정하지 못한 인사말을 이제야 떠올린다

 안녕 나는 지구에서 왔어

# 지구는 돈다

눈뜨자마자 화장실에 가니까
돌아버리겠다

고장 난 문 겨우 닫고
머리에 거품 냈다

닫힌 문 슬그머니 열리니까
못 살겠다

이곳을 떠나야겠다

그런데 고장 난 문이 있는 집을 떠나야 하나
고장 난 문이 있는 집이 있는 지구를 떠나야 하나

답도 없이 거품 쓰고 걸었다

사람은 처음을 무서워하니까
다들 묻는다

저기 근데 그거 뭐예요?
모자인데요

저 사람이 뭐래요?
모자래요
지금 보니 모자 맞네

거품 모자 쓰고 걸었다

모자가 어울렸던 적이 없는데
이건 경이롭다

이상하다는 말은 모자라는 말에게 진다

다들 돈다
이상한 말처럼 들리겠지만

이것도 모자고
이것도 말이다

계속 걸으니 거품 흐른다
모자를 벗고 싶어서
아무 편의점에 들어가 생수를 샀다

사람은 축축한 걸 싫어하니까
이상하게 본다

근데 지금 비 와요?

젖은 머리로 걸었다

날은 덥고 지구는 돈다

가끔 이상한 말은 진다

## 지구는


꽃으로 물든 땅
바람에 일렁이는 바다
사랑에서 피어오르는 온기를 들이킨 채
휘청이는 몸을 뉘어보는 오늘

해의 눈물과 달의 몰락
나비의 수난과 개미의 애도를
잠자코 지켜보았습니다

사랑스럽고 그리하여 더 슬픈
침범할 수 없는 고결함의 응축

더할 나위 없는 아름다움과 고통이
그 자신 안에 공존하고 있음을 알까요
지구는

## 밤양갱

이쑤시개로 지구를 찍었다
혓바닥에 닿는 달콤한 내핵
세계는 말캉하고 쫀득하다

갈색 지구를 음미하며 나는 썩은 초원 가운데 신이 된다
백삼십칠억과 사십오억 육천만 년의 시간이 흘러 너는 만들어졌다

분열하는 세포 덩어리에서 나는 뇌로부터 너를 봤다
팽창하며
평면을 거스르는
결국 입체가 된 너의
현재
과거
미래를

이름 모를 이분법의 빛과 어둠이
나의 눈을 통과해
자정이 되기 2초 전

너와
너의 무리가 탄생하기 시작한 우주로
돌아갔을 때
나는 비로소 차원의 벽을 넘었다

너를 들고 일어선 신화의 존재가 되어
발가락을 까딱이고 몸을 뉠 동안
세계는 수십의 겁을 넘었다

설탕에 오래 졸여 쉽게 으스러지는 밤이
마침내 굳기 시작한다
그 밤의 장신구는 내가 정한다

너는 태아의 모습으로
태초부터 존재하고
나는
무너지고
폭발하는
너를
삼켜 다시 만든다

다시 말한다

너는 초침의 한가운데서 썩어가는 초원이다
때론 태양을 닮고
때론 백색왜성이 되며
시간의 구,
겹을 만들어
밤을 졸여 굳히며
우린 찰나를
희망을
절망을
예습했다

# Our planet

지구의 중력을 거스르는 우주탐사의 발전은 참 경이롭습니다. 덕분에 감히 묘사할 수조차 없게 황홀한 지구의 실재를 볼 수 있었습니다. 그렇지만 어느 한 켠에 일렁이는 서운함은 무슨 마음일까요. 누가 먼저 지구를 떠날 것인지 다투고 있는 것 같습니다.

Our planet

영어로 지구를 Our planet이라 부릅니다. 아주 많은 시간이 흐른 뒤에도 '우리 행성'이 은하계의 다른 행성을 의미하지 않길 바랍니다. 우리 모두의 고향인 지구가 과거형이 되지 않았으면 좋겠습니다.

## 가르강튀아의 폐기 행성 관찰일지

일어나서 먼저 기도를 하고 산책을 했어
밤사이 자란 수염을 밀었어
하루라도 거르면 엉망이 되는 것들에 대해 생각하면서 했어

내가 살던 별에서는 모든 동물이 각자의 중심점을 돌고 있어
서로를 밀거나 당기면서 잠시도 쉴 수 없어
그 사이는 멀고 텅 비어있어서
점처럼 보이는 원을 향해 간다고 착각을 했어
어느 날 빛이 찾아와 너는 소리라며 공을 주고 갔어
모두는 빛을 따라잡을 생각만 했어
다른 차원으로 가는 길이라고 믿었거든
정작 그가 주고 간 것에는 관심이 없었어
가던 방향으로는 빛의 속도에 갈수록 또 하나의 0이 될 뿐이었어
시간은 그렇게 돌았어

*수정란 01*
*수명 87세 (남)*
*키 179cm*
*지능지수 67*
*각진형, 외꺼풀, 갈색 직모*
*외향적 결단력 신체적 운동 능력 발달*
*암 발생률 38%*

지금은 대부분 물속에 잠겨버렸지
예전에는 사람도 양수라는 물속에서 태어났어
물에서 나온 마지막 사람이 별 속에 묻힌 후부터
원들이 물에 잠기기 시작했어


*수정란 02*
*수정란 03*
*수정란 04*

.
.
.

가끔은 소리가 되어 울려 퍼지는 상상을 해
그러면 방향을 오해할 일도 없으니까
가르강튀아 너도 내가 미쳤다고 생각하니
이제는 원을 벗어나 나의 차원으로 가고 싶어
그래 나는 이제 쉬어야겠어 내일 또 일찍부터 움직여야 하니까
혹시 나갈 때 불 좀 꺼줄 수 있겠니 고마워 너도 잘 자

## 스튜디오

하늘은 매일 다른 그림을 그린다.
바다는 쉬지 않고 숨을 쉬며
산은 손을 들어 춤을 춘다.
살아 있는 것들은 그 사이사이를
제 뜻대로 채워간다.

해가 뜨지 않는 밤엔
달빛이 하늘을 비추고
별들은 영원한 거리를 넘어
달리고 달린다.

오늘도 시간은 흐르고
만물은 순응한다.
태초부터 그러했다.
사람은 그 안에서 유일하게
시간의 흐름에 반하며 발악한다.

우연과 의지는 필연이 되었고,
세상의 주체가 바뀌었다.
모든 대본이 사람에 의해 다시 쓰였다.

## 震

안녕
너 왜 이곳에 왔어
우리는
자연을 하러

그것의 진동으로
지각이 흔들려
우리 숨에 닿아도

풀어낼 수 없는 두 손은
震이 영원하기를
호흡을 삼키며 기도하는 밤

다소 비스듬히 흐르던 시간이
마주 보고 떨린다면
이제 운명이라고 하자

그때 옆에서
보란 듯이 조각나는 거야

못 본 체를 하겠지

진동이 멈출 때까지
숨어있지 않아

춤을 추자고 말할래
흔들리자고
영원히

## 푸른 불꽃

생명을 안고 태어나는 게
존재의 이유였다면
살아남기 위해서
무언가를 끊임없이 살려내야 하는 것

불멸과 영생은 전설이 되었고
불시에 소멸하는 폭발 따위야
불에 타서 죽어버린 영혼들의 소망인가?

영혼은 재가 되어 지천을 떠돌고
인간의 마음에만 작동하는 의식처럼
나 하나만이 빙빙 돌고
너는 저 멀리서 크게 돌고

생명을 안고 태어난다는 건
불꽃을 안고 살아간다는 것

너를 껴안고 싶은 자들은 팔이 길고
다만 그건 살아남기 위해서

불꽃을 목으로 삼켜내고
당신을 끌어안으며

불씨가 옮겨붙지 않기를 소원한다

# 개기월식
-12월 24일


1
달에 도착했다 우리는

2
지구의 바다가 가장 많이 차오르는 날
파도가 치지 않는 고요의 바다 한복판에서
되지도 않는 발장구를 치며
서로의 비밀을 이실직고했다

지구 표면을 영원히 배회하는 구름처럼
우리도 달의 바다에서 영영 유영하자고
흰 모래와 함께 기약했다

바람이 불지 않는 달에선
이름이 지워지지 않는다면서

3
달이 지구의 그림자에 먹힌 날
선홍빛 속내를 알아버렸어

지구의 비밀은 달을 사랑하는 거고
달의 비밀은 지구에게 벗어날 수 없다는 것
둘의 사랑이 이루어진다면
세상은 파멸로 변해버린다는 사실을

가끔은 멀리서 바라보는 게 아름다울 때도 있어
달에서 바라보는 지구처럼

힘껏 껴안고 싶은 마음을 참는
사랑처럼

4
달에서는 지구가 뜨는 것을 볼 수 없다

# 4월 22일

운석 충돌 6시간 전
경보음이 울려대고 재난 문자가 수시로 날아옵니다
저번은 빙하기였던가요,
우리는 또다시 멸망을 맞이합니다

운석 충돌 3시간 전
서둘러 짐을 싸고 우주선에 오르는 우리와
이제는 지쳤는지 이곳에 남겠다는 그들
입구를 올라가고, 그들의 눈동자가 조금 흔들려 보였습니다

운석 충돌 1시간 전
별빛의 속도로 날아가며 궤도를 벗어납니다
꼬마 아이가 창밖을 바라보며
엄마, 저기 외계인이 있어요
어른들은 쓴웃음을 지으며 떠나온 행성을 바라봅니다

운석 충돌 10초 전
잘 가 7번째 지구야

지구를 져버린 우리는 또 다른 지구를 찾고
건너편 외계인을 방관하며 살아갈 테지요

*우리 우주선 078호는 지구를 향해 날아갑니다*

무한한 우리의 터전이여
벗어날 수가 없습니다

## 지구는


빈 박스를 실어 나르는 배
지구는 그곳에서 태어났습니다

파로호 여느 물결에 떠밀려온
송사리였을지도 모릅니다
낚시꾼들의 바늘에 걸려
상처만 입고 버려지기도 했습니다

해가 지면 산등성이에 닭이
알을 깨고 5번 버스가
허들을 넘듯 산길을 위태롭게 달립니다

바람결에 실려 온 낙엽처럼
누군가 밟아버리고
은행나무의 은행처럼
냄새가 고약할지라도

보따리에 넣고 풀어 버리세요

저마다의 근심거리는 오일장에 내려두고
내일의 근심거리는 모두 팔아 버렸습니다

때론, 지구는
같은 색에 묻혀 바라질지도 모르지만
애벌레가 갉아 먹은 자리에 흔적이 남듯
도화지 위에 그려진 풍경화처럼
유의미한 풍경이 될 수도 있습니다

물안개가 피어오릅니다
하나의 지구가 태어나
지구를 걸어 나오고 있습니다

## 우주인을 사랑한 지구

안녕, 나의 하루!
여긴 변함없이 새까만 고요 속에 잠긴 곳이야
그렇지만 무수히 많은 반짝임이
교차하고, 서성이고, 낙하하는 곳이기도 하지
나는 여전히 태양 빛 빙그르 돌려 쬐며
억겁의 피루엣을 추고 있고, 나의 우주를 사랑해
하지만 무엇보다 사랑하는 건 역시
내가 품는 인간들이야

하루, 조만간 이사한다는 게 사실이야?
나는 우리은하의 자랑 낭만 지구야
그런데 왜 화성이랑 구지 만낭!

인간의 언어는 정말 사랑스러워
우리가 영원히 함께일 수는 없는 걸까

흰 구름 초록 산맥 물 푸른 타이다이는
이제 불그레한 사춘기로 물들었나 봐

네가 다녀간 뒤로 쭉 네 생각을 하고 있어
이탈자가 된다면, 어떤 기분이야?
이런 걸 인간들은 짝사랑이라고 해?
다신 이 궤도에는 못 오는 거야?

나는 네가 귀환하기 전
달에 매달아 남긴 편지를 읽는 중인데
무슨 말인지 도통 모르겠어, 봐

안녕, 지구!
지금은 아마 오전 6시, 지평선이 노릇해지길 기다리며
수직선을 그러안고 너에게 안부를 전해, 나를 찾으려면…

…하루, 지평선이라니?

## 언감생심

이것은,
언감생심焉敢生心에 대한 이야기가 아니다

우리 동네에 내린 모든 눈을 기록하는 나는
무척 아쉬웠다

강설량,
강설 시간,
강설 시의 기온과 미세먼지 농도,
와사삭 찰나에 부푼 얼음 솜털의 개수,
손바닥에 못 미쳐 녹는 민첩함, 차가움을 맛보이는 귀여운 속임수, 세찬 바람을 만났을 때 콧구멍을 간질이고 눈꺼풀을 끔뻑이게 하는 재주, 사뿐하고 공손하고 은밀하게 내려서는 솜씨, 합심하여 창문을 하얗게 채우는 존재감, 그러고도 힘이 남아 세상을 밝히는 조도照度, 뽀드득 밟을 때의 떨림과 손으로 쓸어 담기는 장난기

이 모두를 만족하는 눈은 아니었다

실망하며 부엌 창문을 내다보니, *어!*

아직 떨어지지 않은 감이 오돌오돌 떨고 있네, 눈이 찔끔 내리던 며칠 전보다 살이 많이 내려서는

애들아, 언 감들아
너희는 남들이 익어서 떨어질 때 무얼 했니

지난번 부를 때는 새초롬히 눈길 한번 안 주더니 까마귀에게 쪼아 먹힌 반쪽 입술로, 성에 낀 쉰 소리로 용을 쓰며 답한다

그 모습이 또 딱해서
나는 방충망까지 열어젖히고 찬 공기 속으로 머리를 들이밀었다

그걸 몰라서 물어, 사십 먹은 맹추야 우리가 다 떨어졌으면 이 날씨에 까치, 참새가 무얼 먹고 당분과 비타민C를 보충하니 네가 흘린 빵 부스러기, 음식물 찌꺼기로는 개들이 배를 주려야 한다고 땅이 꽁꽁 얼어서 벌레 구하기도 힘들대!

설마,
그 많던 감을 다 따 먹고서, 언감생심焉敢生心 우리까지 탐내는 거냐

가을 내내 우리 동 앞 감나무는 아래 가지에 달린 열매로 사람들 배 불리고, 낮은 곳에서 톡, 떨어뜨린 열매로 길고양이를 먹였단다

언 감은, 사람 눈길 안 닿는 곳에 있어도, 천천히 자라도, 그 덕에 작게 익어도, 탓하는 법이 없다 지금 사는 모양새, 감생生에 깃든 뜻을 누구보다 밝게 알고 누가 뭐래도 굳게 고집한다 제 살길도 모르는 애송이가 시비를 걸어도 쉽사리 파르르 타오르지 않고

끈덕지게 거듭 묻는 이들에게만 넌지시
언 감 생심生心을 건넨다

## 세대론

매년 오는 헛소문에도
묵묵히 너는 빙글빙글

너는 겁도 없구나
나는 아직 쌓아온 것들의 붕괴가 두려워

그치만 너도 점점 죽어가잖아
자꾸만 상처가 늘어간다는 게 그런 뜻 아니야?
그렇게 우리의 공통점을 하나둘

우리는 서로를 아프게 만들어
의도하지 않았지만서도
닥쳐올 미래를 이미 알고 있었음에도
그렇게 우리의 차이점을 하나둘

나는 쉽게 흔들려서
너는 한결같아서

매년 들리는 악조건에도
무던히 너는 빙빙

그래서,
나는
네가 품은 무수한 것들을
사랑해

우리 오래 보자
하나둘, 셀 수 없는 세대世代를 거쳐서

파도시집선 011

지구

초판 1쇄 발행  2023년 3월 21일
　　3쇄 발행  2025년 4월 9일

지 은 이　| 원 경 외 43명
펴 낸 곳　| 파도
편　　집　| 길보배
등록번호　| 제 2020-000013호
주　　소　| 서울특별시 서대문구 증가로 17길 38
전자우편　| seeyoursea@naver.com
I S B N　| 979-11-980233-5-3 (03810)

값 10,000원

ⓒ 파도, 2023. Printed in seoul, korea.

\* 이 책의 판권은 지은이와 파도에게 있습니다. 양측의 서면 동의 없는 무단 전재 및 복제를 금합니다.
\* 맞춤법과 띄어쓰기는 원본에서 기인하였습니다.
\* 파도시집선 참여 작가들의 인세는 매년 기부됩니다.